写真でたどるエリザベス女王の生涯

エリザベス女王は、1936 年に伯父のエドワード 8 世が「王冠を賭けた恋」のために退位することになり、10 歳で大英帝国の王位継承者第一位になった。女王になるという運命は謹厳実直なエリザベス女王（当時はリリベット）にとって大変な

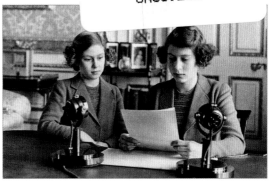

BBC ラジオ放送での様子

写真：AP/ アフロ

重荷であったと想像できるが、それでも父であるジョージ 6 世をみならい、帝王学から馬術までも身につけていく。リリベットは 1940 年にイギリス全土の子どもたちに向けて BBC のラジオ放送に出演する。このときの声は大変印象的で、これからのラジオやテレビ、はては、ロンドンオリンピックでのジェームズ・ボンドとの登場やパディントンとのやり取りまで、インターネットでの動画配信時代でもメディアの主役となるエリザベス女王を予感させるものである。

特に、1947 年の 21 歳の誕生日に訪問先のケープタウンからコモンウェルズの人たちに向けて語ったスピーチ、"my whole life, whether it be long or short, shall be devoted to your service..." の一節は、言葉の通りにエリザベス女王の生涯を表していた。奇しくも「人生が長かろうが短かろうが、全人生を皆さんへの奉仕に捧げる」と言ったことが、女王の治世が the longest であり、亡くなる直前まで

最後の公務となるバルモラル城での謁見

写真：代表撮影 / ロイター / アフロ

公務を行っていたことに重なる。

　1945年2月にイギリス陸軍の組織した補助地方義勇軍に入隊し、輸送トラックの運転や修理をする姿も、とても印象的である。1945年5月には、ヨーロッパ戦勝記念日にバッキンガム宮殿のバルコニーでも軍服姿で手を振る姿が見られるが、この第2次世界大戦中に空襲後のロンドンを励まして回った国王夫妻と同様に、王室は国民とともにあるという姿を体現している。

　エリザベス女王は、1947年に海軍士官候補生のフィリップと婚約、結婚をした。1948年に長男のチャールズ皇太子、1950年には長女のアン王女が生まれ、家族4人での生活となった。マルタ島での生活やアメリカ訪問と外交に勤しむ中、1952年2月のケニア歴訪中に父ジョージ6世がなくなり、25歳の若さで女王に即位、そして1953年6月に生涯の大きな節目の場となるウエストミンスター寺院で戴冠式が行われた。

　戴冠後は、コモンウェルズ＝イギリス連邦のツアーに始まり、国内外の公務を精力的にこなした。1975年には来日、京都御所

軍服姿でのエリザベス女王

写真：AP/アフロ

結婚式後に手を振るエリザベス女王とフィリップ殿下
写真：AP/アフロ

や伊勢神宮の訪問や新幹線乗車を楽しまれた。立憲君主について昭和天皇と話したことが印象に残ったと記録に残されている。イギリス国内にあっては、チャーチル首相に始まる歴代の首相との面会からイギリスの政治や社会問題に深い関心を寄せ、様々な問題に対応した。1966年ウェールズの炭鉱町、アベルヴァンで起きた大惨事、大雨によりボタ山の崩落事故で小学校が潰され、百名以上の小学生が亡くなった事故は、女王の記憶にいつまでも残った事故と言われている。しかし、当時は女王として被災地に行くことが迷惑になるのではないかと訪問のタイミングを逸してしまった。この慎重さは後にダイアナ元妃の自動車事故のときにも対応が後手後手になってしまったこととつながるかもしれない。

戴冠式にのぞむエリザベス女王
写真：Press Association/ アフロ

伊勢神宮を訪れたエリザベス女王
写真：毎日新聞社 / アフロ

アベルヴァンの犠牲者の墓地を訪れたエリザベス女王
写真：PA Images/ アフロ

家庭にあっては、4人の子供に恵まれ、献身的なフィリップ殿下の支えもあり、公務に家庭に充実した日々であったと思われる。しかし、その女王としての職務に忠実であるゆえの葛藤や困難も多くあった。母親として子供との時間が取れなかったことやその後の亡くなるまで続く家族間の問題は、どの家庭にもあるとは言い切れない以上のものであった。妹のマーガレット王女の不幸な結婚に始まり、チャールズ皇太子（現国王チャールズ3世）とダイアナ妃の結婚と離婚、ダイアナ元妃の自動車事故は王室の危機につながった。10年も経って、孫のウィリアム王子とキャサリン妃の結婚、ハリー王子とメーガン妃の結婚、曾孫の誕生で昔のような王室への人気が戻ったといってよい。しかし、ハリー王子、アンドリュー王子が王室を離れることや何よりも70年以上もともにいたフィリップ殿下の死去など、良いことばかりでもなかった。

　バッキンガム宮殿のバルコニーからの王室の姿には、イギリスの現在が映し出されている。このクリスマスには女王のメッセージはなく、バルコニーの主役であった女王が手をふる姿は二度と見ることができない。そこには一抹の寂しさがあるものの、エリザベス女王の70年の治世をともに生きてきた私たちは、女王の生涯から多くのことを学んできた。このことを大切にしていきたいものである。

バルコニーから手を振られるエリザベス女王

写真：ロイター / アフロ

The Speeches
of
Queen Elizabeth II
and
the Royal Family

Soichiro Oku

Asahi Press

音声再生アプリ「リスニング・トレーナー」を使った 音声ダウンロード

朝日出版社開発のアプリ、「リスニング・トレーナー（リストレ）」を使えば、教科書の音声を スマホ、タブレットに簡単にダウンロードできます。どうぞご活用ください。

◉ アプリ【リスニング・トレーナー】の使い方

《アプリのダウンロード》

App Store または Google Play から 「リスニング・トレーナー」のアプリ （無料）をダウンロード

App Storeは こちら▶

Google Playは こちら▶

《アプリの使い方》

①アプリを開き「コンテンツを追加」をタップ
②画面上部に【15709】を入力しDoneをタップ

音声ストリーミング配信 》》》

この教科書の音声は、 右記ウェブサイトにて 無料で配信しています。

https://text.asahipress.com/free/english/

はしがき

　本書は、「エリザベス女王　スピーチ＆レガシー」（EE Books）をもとに、リスニング、内容理解を中心とした演習問題を付したものです。エリザベス女王については、多くの記録（文献だけでなく、音声や映像、ドラマ、映画など）が残されており、どれも 70 年に渡る治世を知る上で貴重な資料になっています。その中でも本書は、即位 50 周年、60 周年記念式典での女王のスピーチ、CNN による振り返り、そして次世代の王室の子供の育て方、キャサリン妃のスピーチまで幅広く取り上げ、様々な視点からエリザベス女王の足跡をたどる構成となっています。

　本書は、まず【**Preliminary Survey**】でスピーチや記事の歴史的、文化的背景を学びます。そこから、文章や音声で何が語られているのか、情報を正確に理解してもらうことを意図しています。【**Listening**】では、空所に入る語の品詞に気をつけて聞く、重要な語を聞き取る練習を行います。音声情報から英語を正確に書き取ることができれば、語彙力の確認にもなります。【**T/F**】【**Comprehension Quiz**】では、内容を正確に把握できたかどうかを確認します。最後に【**Discussion**】で、これまでの情報をまとめ、学んだことが発信につながるように工夫しました。

　本書の演習を通して、まさに Queen's English やスピーチの特徴、ニュース記事の聞き取るポイントなどを感じ取ってもらいたいと思います。そして、エリザベス女王やキャサリン妃のスピーチをモデルとして、発音や抑揚、視線などに配慮ができるようなれば、と願っています。

　エリザベス女王の波乱万丈の生涯から、奉仕と責任とは何かを考え、イギリス、コモンウェルズとは何か、国際的な視点を涵養できれば望外の幸せです。

　本書の刊行に際して、朝日出版社小川洋一郎様、朝日英一郎様には編集や発行まで大変お世話になりました。ここに改めて感謝申しあげます。

2023 年 1 月

奥　聡一郎

Contents

■ エリザベス女王年表

1926	4 月 21 日	ビクトリア女王のひ孫ヨーク公アルバート王子と妻エリザベス妃との間に誕生
1930	8 月	妹のマーガレット王女、誕生
1931	12 月	ウェストミンスター憲章による英連邦（コモンウェルス）発足
1936	11 月	祖父の国王ジョージ 5 世が死去。エドワード 8 世が王位を継承したが、後に退位し、父ジョージ 6 世が即位
1939	7 月	後に夫となるフィリップと知り合う
	9 月	第 2 次世界大戦勃発
1942	4 月	近衛兵第一連隊の名誉連隊長に
1945	3 月	女子国防軍に入隊
	5 月	第 2 次世界大戦終結
1947	2 月	初めての外遊で南アフリカを訪問
	11 月	フィリップと結婚
1948	11 月	長男チャールズを出産
1949	4 月	英が北大西洋条約機構（NATO）に加盟
1950	8 月	長女アンを出産
1952	2 月	ジョージ 6 世の崩御によりエリザベス 2 世として王位を継承
1953	6 月	ウェストミンスター寺院にて戴冠式。初めてテレビ放映される
	11 月	夫とともに半年間の世界ツアーに出発
1955	4 月	チャーチル首相が退陣
1956	7 月	スエズ戦争
1957	10 月	ニューヨークを訪問し、国連総会で演説
1960	2 月	次男アンドリューを出産
	5 月	妹のマーガレット王女が写真家のアンソニー・アームストロングジョーンズと結婚。アンソニーはスノードン伯爵に叙爵
1964	3 月	三男エドワードを出産
1965	5 月	英元首として 52 年ぶりにドイツを訪問
1969	7 月	長男チャールズがプリンス・オブ・ウェールズ（王位継承順位 1 位の称号）に
1973	1 月	英が EU の前身である欧州共同体（EC）に加盟
1975	5 月	初来日
1977	6 月	即位 25 周年（シルバー・ジュビリー）
1978	7 月	マーガレット王女がスノーデン伯爵と離婚
1981	7 月	チャールズ皇太子がダイアナ・スペンサーと結婚
1982	3 月	フォークランド紛争
	8 月	孫のウィリアム王子が誕生
1984	9 月	孫のヘンリー（ハリー）王子が誕生
1992	4 月	アン王女が離婚
	11 月	即位 40 周年（ルビー・ジュビリー） 女王の離宮であるウィンザー城で火事発生

1993	4月	ウィンザー城の修復費集めに、バッキンガム宮殿を初めて一般公開
1996	8月	チャールズ皇太子とダイアナ妃が離婚
1997	8月	ダイアナ元妃が交通事故死
2002	2月	妹マーガレットが死去
	3月	母エリザベスが死去
	4月	即位50周年（ゴールデン・ジュビリー）［→本書p.1］
2005	4月	チャールズ皇太子がカミラ・パーカー・ボウルズと再婚
2010	10月	国内の経済危機に配慮しクリスマスパーティーの中止を発表
2011	4月	ウィリアム王子がケイト・ミドルトン（キャサリン妃）と結婚
	11月	1921年独立のアイルランド共和国に英国君主として初訪問
2012	3月	キャサリン妃が初めて公的スピーチを行う［→本書p.65］
	6月	即位60周年（ダイヤモンド・ジュビリー）［→本書p.15、p.23］
	7月	ロンドン五輪開催。開会式への出席が話題に
2013	4月	王位継承法改正で性別に関係なく長子が王位を継承することに
	6月	戴冠式から60周年を記念し、ウェストミンスター寺院で2000人と礼拝
	7月	ひ孫のジョージ王子がウィリアム王子夫妻に誕生［→本書p.47］
2015	9月	ビクトリア女王を抜き、最長在位期間の英国君主に
	5月	ひ孫のシャーロット王女が誕生
2016	4月	90歳の誕生日を迎える
	5月	夫フィリップ殿下が同年8月いっぱいでの公務の引退を発表
	11月	結婚70周年を迎える
2017	2月	即位65周年（サファイア・ジュビリー）
	5月	マンチェスターアリーナでテロ事件。翌月初めにはロンドン橋でも
2018	4月	ひ孫のルイ王子が誕生
	5月	ヘンリー王子がメーガン・マークルと結婚
2019	5月	ひ孫のアーチー・マウントバッテンウィンザー王子が誕生
	11月	児童買春スキャンダルのアンドリュー王子に公務引退を許可
2020	1月	英が欧州連合（EU）を離脱
	2月	ヘンリー夫妻は同年3月末日をもって王室の公務から引退すると王室が発表
	3月	コロナウイルスの影響でウィンザー城に移動し公務中止
	4月	ロックダウンで自宅待機する国民に対しテレビ演説を行う
2021	4月	夫フィリップ殿下が99歳で死去
	5月	北アイルランド誕生100周年
2022	6月	在位70周年（プラチナ・ジュビリー）［→本書p.37］
	9月8日	死去。チャールズ皇太子が国王チャールズ3世に、ウィリアム王子は皇太子に
	9月19日	国葬される

Chapter 1 The Queen's Golden Jubilee Message

エリザベス女王即位 50 周記念スピーチは、英国国会議事堂の上下両院議員を前にして行われた。BBC などの録音上の編集もなく、やり直しができない中でのスピーチは緊張感が伴うはずだが、女王のスピーチは、視線や声量に配慮したまさに女王の威厳を体現したスピーチであった。国家を支える人達を目の前にして、英国の伝統、価値観、これまでの 50 年への感謝だけではなく、感謝と女王としての意思、未来への希望を伝えている。2 月には妹のマーガレット王女を、その 6 週間後の 3 月に母のエリザベス皇太后を亡くした後であったが、この年は精力的に英連邦と国内の巡幸をこなしている。

写真：Shutterstock/ アフロ

Chapter 1　*The Queen's Golden Jubilee Message*

‖Preliminary Survey‖

1. エリザベス女王のスピーチは、どのような聞き手を想定していると思われ
   ますか、調べてみましょう。
2. イギリス議会について上下院議員の構成や選挙方法などを調べてみましょう。

‖Listening‖

スピーチの音声を聞いて空欄を埋めましょう。

(02)　It is right that the first **major**
event to ¹)＿＿＿＿＿＿ my Golden
Jubilee this summer is here in
the Palace of Westminster. I
would like to pay tribute to the

work you do in this **the Mother of Parliaments**, where you, like
so many **famous predecessors** before you, have ²)＿＿＿＿＿＿
to **confront** the **issues of the day**, to **challenge** each other and
³)＿＿＿＿＿＿ differences through **debate** and **discussion**, and
to ⁴)＿＿＿＿＿＿ your **essential** part in **guiding** this **Kingdom**　10
through the changing times of the **past** 50 years.

(03)　For if a Jubilee becomes a **moment** to ⁵)＿＿＿＿＿＿
an age, then, for me, we must **speak of** change, its **breadth**
and **accelerating** pace over these years. Since 1952, I have

Golden Jubilee: :（国王即位などの）50 周年記念式典、ゴールデン・ジュビリー

major:　大きな、重要な

the Palace of West minster:　ウェストミンスター宮殿

　　　▶かつてのロンドンの王宮。現在の国会議事堂。

would like to do:　〜したいと思う、〜することを望む

pay tribute to:　〜に敬意を表す

the Mother of Parliaments:　英国議会、議会の母

famous:　有名な、高名な

predecessor:　前任者、先達

confront:　〜に立ち向かう、取り組む

issue:　論点、問題点

of the day:　その当時の、その時々の

challenge:　〜に異議を唱える、議論をいどむ

debate:　討論、論争

discussion:　議論、話し合い

essential:　不可欠な、非常に重要な

guide:　〜を導く、指導する

kingdom:　王国

past:　過去の、過ぎ去った

moment:　重要な節目、機会

speak of:　〜を口にする、〜について話す

breadth:　幅、幅広さ

accelerate:　速度を上げる、速くなる

6) .... the **transformation** of the international **landscape** through which this country must **7)** .... its **course:** the **emergence** of a **commonwealth**, the **growth** of the **European Union**, the end of **the Cold War** and now the dark **threat** of international **terrorism**. This has been **8)** .... by **no less rapid developments** at home in the **devolved shape** of our nation, in the **structure** of society, in technology and communications, in our work and in the way we live.

(04) Change has become a **constant; managing** it has become an **expanding discipline**. The way we **9)** .... it defines our future. It seems to me that this country **has advantages to 10)** .... in this **exciting** challenge. We in these islands **have the benefit of** a long and **proud** history. This not only gives us a **trusted framework** of **stability** and **continuity** to **11)** .... the process of change but it also tells us what is of lasting value.

Only the **passage** of time can **12)** .... out **the ephemeral** from **the enduring**. And what endure are the characteristics that mark our identity as a nation and the timeless values that transformation:　変化、変容

landscape:　情勢、状況

course:　進路、方針

emergence:　出現、発生

commonwealth:　民主国家、共和国

growth:　成長、発展

European Union:　欧州連合　▶略称 EU。

the Cold War:　武力を行使しない戦争、冷戦　▶特に旧ソ連を中心とした東側共産圏とアメリカを中心とした西側諸国との東西冷戦を指す。

threat:　脅威

terrorism:　テロ行為、テロリズム

no less:　同様に、同じ程度に

rapid:　速い、急速な

development:　発展、進歩

devolve:　〜を委譲する

shape:　形、状態

structure:　構造、機構

constant:　一定不変のもの

manage:　〜を何とか成し遂げる、うまく運営する

expand:　拡大する、膨らむ

discipline:　学問分野、専門分野

have an advantage to do:　〜するのに有利である、〜する上で優位に立っている

exciting:　胸の踊るような、わくわくする

have the benefit of:　〜という利点がある、〜の助けが借りられる

proud:　誇らしい、輝かしい

trusted:　信頼されている、信用のある

framework:　枠組み

stability:　安定、安定性

continuity:　継続性、持続性

passage:　（時の）経過、推移

the ephemeral:　つかの間のもの、はかないもの

the enduring:　永続するもの、耐久性のあるもの

guide us. These values ¹³⁾ .... expression in our national institutions, including the **Monarchy** and Parliament, institutions which **in turn** must continue to ¹⁴⁾ .... if they are to ¹⁵⁾ .... effective **beacons** of trust and unity to **succeeding** generations.

(05) I believe that many of the traditional **values etched** across our history ¹⁶⁾ .... us well for this age of change. We are a **moderate, pragmatic** people, more **comfortable with practice** than theory. With an **offshore, seafaring** tradition, we are **outward-looking** and **open-minded**, well **suited** by **temperament** and language to our **shrinking** world. We are **inventive** and creative. ¹⁷⁾ .... of the record of British **inventions** over the past 50 years or our present **thriving** arts scene. We also ¹⁸⁾ .... pride in our tradition of **fairness** and **tolerance**. The **consolidation** of our **richly multicultural** and **multifaith** society, a major development since 1952, is being ¹⁹⁾ .... **remarkably** peacefully and with much **goodwill**.

(06) But there is another tradition in this country which gives me **confidence** for the future. That is the tradition of service. The **willingness** to **honour** one another and **seek the common good**

monarchy: 君主制、君主政治

in turn: 同じく、同様に

beacon: 指針となるもの、標識

succeeding: 引き続いての、次の

values: 価値観、価値基準

etch: ～を刻み込む、焼き付ける

moderate: 穏健な、中道の

pragmatic: 実際的な、実利的な

be comfortable with: ～を心地よく感じる、～を気持ちよく受け入れる

practice: 実践、実行

offshore: 沖合の、沖に向かう

seafaring: 航海の、船乗りの

outward-looking: 国外に目を向けた

open-minded: 心の広い、開放的な

suit: ～に適合する、ふさわしい

temperament: 気質、気性

shrink: 縮む、小さくなる

inventive: 創意に富んだ、独創的な

creative: 創造的な、創造力に富んだ

invention: 発明、創案

thriving: 繁栄している、盛んな

fairness: 公平さ、公正さ

tolerance: 寛容性、寛大さ

consolidation: 合同、統合体

richly: 豊かに、十分に

multicultural: 多文化的な

multifaith: 多宗教の

remarkably: 非常に、著しく

goodwill: 善意

confidence: 自信、確信

willingness: やる気、意欲

honour: ～に尊敬の念を持つ、～を高く評価する　▶アメリカ英語のつづりは honor。

seek: ～を探し求める

the common good: 公益、共通の利益

 **20)** .... social change. Over these 50 years, **on visits up and down** this country, I have seen **at first hand** and met so many people who are **21)** .... themselves **quietly** and **selflessly** to the service of others.

I would **particularly** pay tribute to the young men and women of our **armed forces** who **22)** .... such professional service to this country, often in the most **demanding** and dangerous **circumstances**. They have my **respect** and **admiration**. I also wish to **23)** .... my **gratitude** for the work of those in the **public service** more **widely,** here in Westminster or the **corridors** of **Whitehall** and **town halls, as well as** in our hospitals and schools, in **the** police and **emergency services.**

(07) But I would **especially** like to **24)** .... those very many people who give their time **voluntarily** to help others. I **am pleased that** the Jubilee is to be marked by the **introduction** of the Queen's Golden Jubilee **Award,** a new **annual** award for **voluntary** service by groups in the community. I **25)** .... this will give **added recognition** to those whose **generosity** of time and energy in the service of

on a visit: 訪問して、訪問中に

up and down: あちこちに、至る所に

at first hand: じかに、直接

quietly: 黙って、つべこべ言わずに

selflessly: 無私に、無欲に

particularly: 特に、とりわけ

armed forces: 軍隊、軍

demanding: 要求の多い、きつい

circumstances: 環境、状況

respect: 尊敬、敬意

admiration: 称賛、感嘆

gratitude: 感謝、謝意

public service: 公共サービス、公共業務

widely: 広く、広範囲にわたって

corridor: 廊下

Whitehall: ホワイトホール、ロンドンの官庁街

town hall: 市役所、市公会堂

A as well as B: B だけでなく A も

the emergency services: 救急隊

especially: 特に、とりわけ

voluntarily: 自発的に

be pleased that: 〜ということを喜ぶ

introduction: 導入、採用

award: 賞

annual: 年 1 回の、毎年の

voluntary: 自発的な、自由意思による

added: さらなる、それ以上の

recognition: 正しく評価されること、真価を認められること

generosity: 寛大さ、気前のよさ

others is such a **remarkable** tradition in our society.

These **enduring** British traditions and values—**moderation, openness,** tolerance, service—have **stood the test of time**, and I am ²⁶⁾ _____ they will **stand** us **in good stead** in the future. I hope that the Golden Jubilee will be an **opportunity** to 5 ²⁷⁾ _____ these values and to ²⁸⁾ _____ all we have **achieved** as a nation since 1952.

(08) **For my part,** as I ²⁹⁾ _____ **the length and breadth of** these islands over the **coming** weeks, I would like to thank people everywhere for the

loyalty, support and **inspiration** you have given me over these 50 **unforgettable** years. I would like to express my pride in our past and my confidence in our future. I would like **above all** to ³⁰⁾ _____ my resolve to ³¹⁾ _____, with the support of 15 my family, to ³²⁾ _____ the people of this great nation of ours to the best of my ability through the changing times ahead.

Aired on April 30, 2002

remarkable: 注目に値する、顕著な

enduring: 永続的な、長続きする

moderation: 穏健さ、節度

openness: 広く受け入れる姿勢、寛大さ

stand the test of time: 時の試練に耐える

stand...in good stead: …に大いに役立つ、大いに〜のためになる

opportunity: 機会、チャンス

achieve: 〜を成し遂げる、達成する

for one's part: 〜としては、〜に関して言えば

the length and breadth of: 〜全体にわたって

coming: 来たるべき、次の

loyalty: 忠誠、忠実

support: 支持、支援

inspiration: 鼓舞、刺激

unforgettable: 忘れられない、いつまでも記憶に残る

above all: とりわけ、何にもまして

[T/F]

[   ] **1.** The transformation of the international landscape is due to the Cold War and the treat of terrorism.

[   ] **2.** British people are considered as moderate, pragmatic, and practical people.

[   ] **3.** The British workers in public service are those who work in town halls, hospitals, schools, and armed forces.

[Comprehension Quiz]

1. What are the enduring British traditions and values?

(A) A new annual award for voluntary service.

(B) Generosity of time and energy.

(C) Moderation, Openness, tolerance, and service.

(D) The police and emergency services.

2. What is the meaning of an offshore, seafaring tradition?

(A) It means the willingness to honour one another and seek the common good in the sea.

(B) It means the willingness to outward-looking and open-minded because British people are surrounded by the sea.

(C) It means the adventurous spirit for the change of age.

(D) It means the consolidation of richly multicultural and multifaith society.

3. Who were many famous predecessors?

(A) Politicians in the Palace of Westminster.
(B) The Monarchy and Parliament.
(C) The young men and women of our armed forces.
(D) Voluntary groups in the community.

【Discussion】

エリザベス 2 世のスピーチを聞いて、話し方の特徴と思われることを話し合ってみましょう。

（ヒント）　Queen's English、視線、声の抑揚、メッセージ

Chapter 2 The Queen's Diamond Jubilee Message

2012 年 6 月に女王即位 60 周年の祝賀行事に対して感謝を述べるスピーチである。感謝の言葉の中にも女王としての威厳や気配り、優しい言葉で語りかける様子など、女王の人柄が伺えるようなスピーチである。50 周記念の祝賀行事と違って、孫のウィリアム王子の結婚式と歴史的なアイルランド訪問を終え、幸せな雰囲気で在位 60 周年記念が行われた。これに続き、ロンドンオリンピックの成功へとつながっていくことになる。

写真：代表撮影 /AP/ アフロ

Chapter 2. *The Queen's Diamond Jubilee Message*

‖**Preliminary Survey**‖
1. Golden Jubilee、Diamond Jubilee の意味を調べてみましょう。
2. Golden Jubilee と Diamond Jubilee の間に世界やイギリスで起きた出来事をまとめ、どのような影響があったかを調べてみましょう。

‖**Listening**‖
スピーチの音声を聞いて空欄を埋めましょう。

10　The 1)＿＿＿＿＿ that I have **attended** to **mark** my Diamond Jubilee have been a **humbling** 2)＿＿＿＿＿. It has **touched** me deeply to see so many thousands of families, **neighbours** and friends **celebrating** together in such a happy **atmosphere**. But **Prince Philip** and I want to take this 3)＿＿＿＿＿ to offer 5

our special thanks and **appreciation** to all those who have **had a hand in organising** these Jubilee **celebrations**. It has been a 10 **massive** 4)＿＿＿＿＿, and I am sure that everyone who has enjoyed these **festive** 5)＿＿＿＿＿ **realises** how much work has been **involved**.

Diamond Jubilee:（国王即位などの）60 周年記念式典、ダイヤモンド・ジュビリー
　　▶ 75 周年記念式典を指すこともある。

attend: 〜に出席する、参列する

mark: 〜を記念する、祝う

humbling: 謙虚な気持ちにさせる、頭の下がるような

touch: 〜を感動させる

neighbour: 隣人　▶アメリカ英語のつづりは neighbor。

celebrate: 祝う、祝賀する

atmosphere: 雰囲気

Prince Philip: フィリップ殿下　▶エリザベス女王の夫であるエディンバラ公のこと。

appreciation: 感謝

have a hand in:（活動・企画などに）参加する

organise: 〜を計画する、準備する

celebration: 祝典、式典

massive: 大規模な、大がかりな

festive: 祭りの、祝いの

realise: 〜を認識する、実感する　▶アメリカ英語のつづりは realize。

involve: 〜を必要とする、伴う

(11)　I hope that 6) .... of all this year's happy events will **brighten** our lives for many years **to come**. I will continue to **treasure** and draw 7) .... from the **countless** 8) .... shown to me in this country and throughout the Commonwealth. Thank you all.

5

Aired on June 6, 2012

brighten: 〜を輝かせる
to come:《名詞のあとに置いて》将来の、来るべき
treasure: 〜を大切にする
countless: 数えきれないほどの、無数の

[T/F]

[   ] **1.** Diamond Jubilee was celebrated by many families, neighbours, and friends in a happy atmosphere.

[   ] **2.** These festive occasions were not involved in many challenges.

[   ] **3.** All this year's happy events were organised by Queen Elizabeth and Prince Philip.

[Comprehension Quiz]

1. What is the same meaning of the word, 'touched'?

(A) removed

(B) improved

(C) impressed

(D) remembered

2. What is the same meaning of the word, 'massive'?

(A) great

(B) minor

(C) small

(D) trivial

3. **What do Queen Elizabeth and Prince Philip offer to all people in working for Diamond Jubilee?**

   (A) A humbling experience.

   (B) A happy atmosphere.

   (C) Special thanks and appreciation.

   (D) The countless kindness.

【Discussion】

エリザベス 2 世のスピーチを聞いて、感謝の表現がどのようなものか、話し合ってみましょう。

就活・留学準備の強力な味方!

あなたのグローバル英語力を測定

新時代のオンラインテスト

銀行のセミナー・研修にも使われています

CNN GLENTS

留学・就活により役立つ新時代のオンラインテスト
CNN GLENTS

新しい英語力測定テストです。
詳しくはCNN GLENTSホームページをご覧ください。

https://www.asahipress.com/special/glents

CNN GLENTSとは

GLENTSとは、Global ENglish Testing Systemという名の通り、世界標準の英語を測るシステムです。リアルな英語を聞き取るリスニングセクション、海外の話題を読み取るリーディングセクション、異文化を理解するのに必要な知識を問う国際教養セクションから構成される、世界に通じる「ホンモノ」の英語力を測定するためのテストです。

お問い合わせ先

株式会社 朝日出版社 「CNN GLENTS」事務局
フリーダイヤル：**0120-181-202** E-MAIL：**glents_support@asahipress.com**
（平日午前10時～午後6時）

Chapter 3 **Sparkling Diamond**

即位 60 周年記念を迎えて、エリザベス女王の生涯に沿って、女王自身の決意、イギリスの歴史、身近にいた人たちの証言を聞く。女王の波乱万丈の人生にあって、両親の愛情や家族の助け、そして公務に際しても良き助言者に囲まれ、女王としての役割を全うした人生に学ぶべきことは多いはずである。本章では、生い立ちから困難に満ちた「ひどい年」とその信頼の回復までをたどる。そして、イギリス連邦と女王の果たした貢献について歴史的に証言とともに振り返る。

写真：代表撮影 / ロイター / アフロ

Chapter 3. *Sparkling Diamond*

||**Preliminary Survey**||

1. 女王の最初の首相であった、Winston Churchill について第 2 次世界対戦、D-day と関連させて、調べてみましょう。
2. イギリス連邦の歴史的な流れと、現在ではどの様になっているかについて、調べてみましょう。

||**Listening**||

音声を聞いて空欄を埋めましょう。

Elizabeth Alexandra Mary, known as Lilibet to friends, was born on April the 21st, 1) _____. And it was only a **decade** later that she knew she **was** truly **destined to lead** an 2) _____. Her uncle, **Edward, abdicated so** he could **marry Wallis Simpson,** the **divorced** American woman who was **the love of his life** but a **spoiler** to the 3) _____.

Elizabeth's father became king. She was the **accidental** 4) _____, and it's **entrenched in** her a sense of 5) _____. Even before sparkling: キラキラ輝いている、きらめく

Elizabeth Alexandra Mary: エリザベス・アレクサンドラ・メアリー　▶女王のフルネーム。

decade: 10 年、10 年間

be destined to do: 〜する運命にある

lead: 〜を導く、率いる

Edward: エドワード　▶ヨーク公ジョージ王子（後のジョージ 5 世）とメアリー妃の長男。
　　父の死後、王位を継承してエドワード 8 世となるが、ウォリス・シンプソンとの「王冠
　　を賭けた恋」を成就するために退位した。

abdicate: 退位する

so（that）: 〜できるように、〜するために

marry: 〜と結婚する

Wallis Simpson: ウォリス・シンプソン

divorced: 離婚した、離婚歴のある

the love of someone's life: 〜の生涯の恋人

spoiler: 駄目にする人、台無しにする人

accidental: 偶然の、予期しない

entrench A in B: A を B に確立する、定着させる　▶ここでは entrench in B A の形。

she was **crowned** queen, Elizabeth was **devout**, even **spiritual**, about her role as a ⁶⁾.. .

"I **declare** before you all that my whole life, whether it be long or short, shall be ⁷⁾.. to your **service** and to the service of our great ⁸⁾.. family, **to** which we all 5 **belong**." (Princess Elizabeth, April 1947)

(15) Her first prime ⁹⁾.. was **Winston Churchill**. And she's met every U.S. ¹⁰⁾.. **bar** one during her **reign**— meetings she's always **prioritized**.

"She remembers learning from 10 her parents how important **keeping** America **onside** was during the war. And then America **came into the war**. She remembers that so well. She remembers, you know, the American ¹¹⁾.., **D-day**, all that." (Robert Hardman, 15 **Author** of Our Queen and **Her Majesty**)

(16) Some years, there has been ¹²⁾.. to laugh about, however. With **uncharacteristic candor** and ¹³⁾.., the queen herself **marked** 1992 as a very bad year. "...an *annus horribilis*." (Queen Elizabeth II, November 1992) A fire crown A B: A を B（王位）に就かせる

devout: 献身的な、誠実な

spiritual: 精神的な、気高い

declare that: 〜ということを宣言する、布告する

service: 貢献、奉仕

belong to: 〜に属している、〜の一員である

Winston Churchill: ウィンストン・チャーチル　▶第 61・63 代英国首相（在任期間 1940 年
　　5 月− 1945 年 7 月、1951 年 10 月− 1955 年 4 月）。

bar: 〜を除いて

reign: 治世、在位期間

prioritize: 〜を優先する、優先させる

keep...onside: …を味方にしておく、味方につけておく

come into a war: 参戦する

D-day:《軍》D デイ、作戦行動開始日　▶D デイといえば、1944 年 6 月 6 日の連合国軍の
　　ノルマンディー上陸作戦開始日を指すことが多い。

author: 著者、作者

Her Majesty: 女王陛下　▶女王への敬称。

uncharacteristic: 珍しい、〜らしからぬ

candor:（言葉・表現などの）率直さ

mark A as B: A を B と表す

annus horribilis:《ラテン語》ひどい年　▶エリザベス女王が 1992 年をこう表したことで有
　　名になった表現。

at Windsor castle and several family **splits**. Three of her four children ¹⁴⁾_____, one **most famously**, and then there was the car ¹⁵⁾_____. The queen **learned a tough lesson** through all the ¹⁶⁾_____: she could never be just a mother or a grandmother; she's queen to a people, **no matter what**. 5 And as if to ¹⁷⁾_____ that, an **enduring** moment as she ¹⁸⁾_____ to Princess Diana's ¹⁹⁾_____ —a **low point** for Britain, for **the monarchy** and for Britain's ²⁰⁾_____ with the monarchy.

(17) **It took** more than a decade **to rebuild the public's** ²¹⁾_____ in the **royal family**. **Surveys** around the time of Prince William's marriage showed the ²²⁾_____ of the monarchy to be back at an **all-time** high. The queen 15 was **visibly** ²³⁾_____ by the **show of support** in the royal wedding last year.

It's often said the greatest **monarchs** in British history were all women. **If that were the case**, Queen Elizabeth II would **be** **"second" only to** perhaps her ²⁴⁾_____, **Victoria**. 20

Max Foster, CNN, London.

Aired on June 1, 2012

split: けんか別れ、破局

most: とても

famously: よく知られているように　▶ onemost famously の one は、ダイアナ元妃と離婚したチャールズ皇太子を指す。

learn a tough lesson: 厳しい教訓を得る

no matter what: たとえ何があろうと

enduring: 恒久的な、永久的な

low point: 最悪の時期

the monarchy: 王室

it takes...to do: 〜するのに…かかる、…を要する

rebuild: 〜を回復する、取り戻す

the public: 一般大衆、国民

royal family: 王室、皇室

survey: 調査、世論調査

all-time: 史上最高の、空前の

visibly: 目に見えて、明らかに

show of support: 支持の表明

monarch: 君主

if that were the case: もしそれが本当なら

be second only to: 〜を除いて最も優秀である　▶ Elizabeth II の the second にかけて使われている。

Victoria: ビクトリア女王　▶大英帝国の最盛期を築き上げた。在位（1837 － 1901 年）は 63 年 7 カ月に及び、エリザベス女王に抜かれるまでは歴代の英国王の中で最長であった。

(18) When the queen was born, the map was still 25) .... an **imperial pink**. That changed **irrevocably** after 26) .... With the end of **empire** came a new role—head of the 5 **Commonwealth**—and she has 27) .... **reveled in** it.

"I think she has always **believed in** this **elaborate fraternal association**, which when she was growing up was an empire and has 28) .... **morphed into** a commonwealth. That gives her an **authentically** 29) .... role in a way that no other 10 monarchy today has. She can kind of **speak for** a **huge** part of the world across the **oceans** and around the 30) ...." (David Cannadine, Historian)

(19) There's **a whole generation out there** who **used to collect** Commonwealth stamps. Many people still do. The stamps help 15 tell the story. Elizabeth's 31) .... **began with** a **marathon**

royal tour **lasting** six months— Gibraltar, Ceylon, Fiji, New Zealand and Australia. The queen is **simply** the most traveled **head of** 20 state in history. As her **private secretary** once said: "She sleeps well, she's **got** very good legs, and she can stand for a long time";

imperial pink: 帝国のピンク色　▶大英帝国は、地図上ではピンク色で示されていた。

irrevocably: 決定的に、取り返しがつかないほど

empire: 帝国

commonwealth: ①＝ the Commonwealth of Nations　イギリス連邦　▶ 1949 年よりこの名
　　称が使われている。②連邦、連合体

revel in: 〜を大いに楽しむ、非常に喜ぶ

believe in: 〜の価値を信じる、〜をよいものだと思う

elaborate: 複雑な、入り組んだ

fraternal: 兄弟のような

association: 連合、同盟

morph into: 〜に姿を変える、変身する

authentically: 真正に、確かに

speak for: 〜の代弁をする

huge: 非常に大きな、巨大な

ocean: 大洋、海洋

a whole generation: ひと世代全員、ある世代のすべての人々

out there: 世の中に、世間に

used to do: かつて〜したものだった、昔はよく〜していた

collect: 〜を集める、収集する

begin with: 〜から始める、始まる

marathon: 長期間続く、長期にわたる

last: 続く、継続する

simply: ①《強意》まったく、とても　②《否定語の前で》決して

head of state: 国家元首

private secretary: 個人秘書、私設秘書

has got: ＝ has

in short, she's "as [32] _____ as a **yak**."

(20) "When the queen [33] _____ the throne, the Commonwealth **comprised** about [34] _____ nations. It now comprises [35] _____. The Commonwealth and the queen have grown up together. She knows the Commonwealth [36] _____ well. She's very, very **fond of** it. You only have to see the queen on a Commonwealth tour to see the [37] _____ that **exists** between her and everybody in those...in those [38] _____ countries. It really is quite [39] _____ to see." (John Major, Former UK Prime Minister)

(21) "The queen is [40] _____ from the modern Commonwealth. It is because she's **been** her **own person throughout** that you have this **integrity** and [41] _____ in...in everything that she does, and which people **sense**, because **it's not simply** possible to **keep up an act** for 60 years." (Kamalesh Sharma, **Secretary-general**, Commonweath of Nations)

Aired on June 4, 2012

in short: 要するに、端的に言うと

yak: ヤク　▶チベット・中央アジアの長毛の野牛。

comprise:〈組織などが〉〜を含む、〜から成る

be fond of: 〜が大好きである、好んでいる

exist: ある、存在する

be one's own person: 自分自身でいる、わが道を行く

throughout: ①ずっと、全体を通して②〜じゅう、〜全体で

integrity: 正直、誠実

sense: 〜を感じる、〜がわかる

it's not simply...:　▶文法的に正しくは it's simplynot... とすべきところ。

keep up: 〜を維持する、続ける

an act: 見せかけ、そぶり

secretary-general: 事務局長

【T/F】

[   ] **1.** Lilibet was one of friends of Elizabeth Mary.

[   ] **2.** Queen Elizabeth met all the U.S. presidents during her reign.

[   ] **3.** "An *annus horribilis*" means a very bad year.

【Comprehension Quiz】

1. What helped tell the relationship between Commonwealth and the Queen?

(A) A historian.

(B) Commonwealth stamps.

(C) The map.

(D) Her private secretary.

2. How many years did it take to rebuild the public's faith in the royal family after the car crash?

(A) Eight years.

(B) Fifty-four years

(C) Sixty years.

(D) More than ten years.

3. Why did Elizabeth's father become King?

 (A) Her uncle, Edward abdicated because of marriage with the divorced American woman.

 (B) Because his father was truly destinated to lead an empire.

 (C) Since Elizabeth's uncle, Edward was a spoiler to the throne.

 (D) Because the divorced American woman, Wallis Simpson wanted to be a queen.

【Discussion】

エリザベス女王とイギリス連邦との関係はどのようなものでしたか。具体的な事例をあげて、話し合ってみましょう。

Chapter 4　**Seven Decades of Service**

2022 年の 6 月に即位 70 周年記念式典が催された。Golden Jubilee, Diamond Jubilee そして Platinum Jubilee と 10 年ごとの式典が続いたが、今回でも様々な困難を乗り越えてきた女王の威厳が示された。ただ、いつも傍らにいたフィリップ殿下もこの世を去り、子どもたちや孫の中にも王室を離れる者があらわれるなど、ウィリアム皇太子夫妻に注目が集まってきた。本章では、ビクトリア女王を抜いて最長在位君主の 70 年の治世を振り返る。

Chapter 4. *Seven Decades of Service*

||Preliminary Survey||
1. ダイアナ元妃の自動車事故前後の王室の対応について、調べてみましょう。
2. フィリップ殿下の生涯について、調べてみましょう。

||Listening||
音声を聞いて空欄を埋めましょう。

(23)   After the death of her father, **King George VI**, 25-year-old Elizabeth, known as Lilibet to friends, **assumed** the **throne**, 1) _____ at **Westminster Abbey** on June the 2nd, 1953. This was the first time the public was able to 2) _____ this **sacrosanct** event. Elizabeth **allowed** live television cameras **in** to 3) _____ the **ceremony**, in a powerful **signal** that hers was a new, open, and **relevant monarchy**.

"I 4) _____ before you all that my whole life, whether it be long or short, shall be **devoted** to your service and **to** the service of our great **imperial** family, to which we all 5) _____."
(Princess Elizabeth, during speech in 1947)

(24)   On November the 20th, 1947, Princess Elizabeth had

decade: 10 年、10 年間

service: 公務、公職

King George VI: ジョージ 6 世　▶エリザベス 2 世の父親。

assume: 〜の地位に就く、〜に就任する

throne: 王位、王座

Westminster Abbey: ウェストミンスター寺院

sacrosanct: 極めて神聖な、神聖で犯すことのできない

allow...in: …が入るのを許す、認める

ceremony: 儀式、式典

signal:（込められた）意図、メッセージ

relevant: 今日的な意義のある、現代にふさわしい

monarchy: 君主制、王政

devote A to B: A を B にささげる

imperial: 帝国の、皇帝の

6) _____ her **childhood sweetheart**, the tall and **dashing** Prince Philip of Greece and Denmark. The following year, their marriage **7)** _____ Elizabeth's **heir**, Prince Charles.

Her first prime minister was Winston Churchill, and during her rule, she's **8)** _____ every **acting** US president **bar** one, meetings she always **9)** _____ .

Stiff-upper-lipped in public—there's little **footage** to show the sense of humor this wife, mother, and grandmother is **10)** _____ to show **behind closed doors**.

On occasion, there has been little to laugh about, however. During the 1990s, three of her four children would **11)** _____ . And then, **that crash**.

"…getting word that the French government has **12)** _____ all of us that Princess Diana has **13)** _____ ." (CNN anchor, in 1997)

The royal family's **restrained response** **14)** _____ with a British public **convulsing** in **heartache**. **Public faith in** the childhood sweetheart: 幼なじみの恋人

dashing: 颯爽（さっそう）とした、威勢のいい

heir:（王位などの）継承者、世継ぎ

acting: 活動中の、現職の

bar: 〜を除いて

stiff-upper-lipped:（困難などに直面しても）毅然（きぜん）とした、平然とした

footage: フィルム映像、映像

behind closed doors: 非公開で、私的な場で

on occasion: 時折、時々

that clash: あの交通事故　▶ダイアナ元妃が亡くなった、1997 年 8 月の自動車事故を指す。

restrained: 抑えられた、控えめな

response: 反応、対応

convulse: 激しく動揺する、身を震わせる

heartache: 悲しみ、心痛

public faith in: 〜への国民の信頼、信用

royals gradually [15]_____. The queen **was visibly thrilled by** the **show of support** for the wedding between her grandson William and partner, **Kate**, in 2011.

(26) In 2021, at the age of 99, Prince Philip, **the Duke of Edinburgh,** [16]_____ away. **Senior** royals [17]_____ the **funeral, scaled back due to** coronavirus. Elizabeth was [18]_____ to stand alone as she [19]_____ his **coffin lower into** the Royal **Vault** at Windsor Castle.

For more than half a century, Elizabeth had led an empire known as **the Commonwealth,** an **association** of nowindependent countries, 15 of which have [20]_____ the queen as a **symbolic head of state.**

After 70 **momentous** years, **Her Majesty** [21]_____ her **Platinum Jubilee**—the **longest-serving** British **monarch** in history.

Max Foster, CNN, London.

Aired on June 2, 2022

5

10

15

royal: 王家の人、王族

be thrilled by: 〜に感激する、興奮する

visibly: 明らかに、目に見えて

show of support: 支持の表明

Kate: ケイト　▶キャサリンの愛称。

the Duke of Edinburgh: エディンバラ公

senior: 上位の、上級の

funeral: 葬儀、告別式

scale back: 〜の規模を縮小する

due to: 〜が原因で、〜のせいで

coffin: 棺（ひつぎ）、棺おけ

lower into: 〜の中へ下がる、降りる

vault:（アーチ型の）地下墓所

the Commonwealth: イギリス連邦

association: 連合、同盟

symbolic: 象徴的な、象徴としての

head of state: 国家元首

momentous: 重大な、極めて重要な

Her Majesty: 女王陛下　▶女王への敬称。

Platinum Jubilee:（国王即位などの）70 周年記念式典、プラチナ・ジュビリー

longest-serving: 最も長く務めている、最長在位の

monarch: 君主

〔T/F〕

[　] **1.** 25-year-old Elizabeth assumed the throne at the palace of Westminster.

[　] **2.** Elizabeth allowed live television camera in to record the ceremony for relevant monarchy.

[　] **3.** Platinum Jubilee was celebrated by Queen Elizabeth and Prince Philip.

〔Comprehension Quiz〕

1. Who was the queen's first prime minister?

(A) Prince Philip.
(B) Winston Churchill.
(C) Max Foster.
(D) John Major.

2. Who was Elizabeth's heir?

(A) Prince Philip.
(B) Prince Charles.
(C) Princess Ann.
(D) Princess Diana.

3. Who was the longest-serving British monarch?

(A) King George IV.
(B) Queen Victoria.
(C) King Charles III.
(D) Queen Elizabeth II.

【Discussion】

在位 70 周年記念祝賀行事はこれまでの記念行事とどのような違いがありましたか、話し合ってみましょう。

Chapter 5 **Born to Be King**

王位継承が現実問題となる中で、国王チャールズ3世、ウイリアム皇太子、そしてジョージ王子がどのように王になるべく育てられているかについて聞く。エリザベス女王がまさに生涯をかけて示した治世をどのように受け継ぎ、育てていくのかは王位に関係なく、教育の本質を知る上でも大きなヒントになるだろう。

写真：AP/アフロ

||**Preliminary Survey**||

1. イギリスのボーディング・スクールについて、調べてみましょう。
2. ウィリアム王子、キャサリン妃の出会いについて、調べてみましょう。

||**Listening**||

音声を聞いて空欄を埋めましょう。

(28) "If you grow up as an **heir** to **the throne**, it is **drilled into** you from a very early age that you **have got to** [^1] _____, you have got to be [^2]_____, you have got to always have a [^3]_____ on your face." (Penny Junor, Royal **Biographer**)

Her Royal Highness the Duchess of Cambridge was [^4]_____ **delivered of** a son at 4:24 p.m. **local time**.

"I'll [^5]_____ him of his **tardiness** when he's a bit older, 'cause I know how long you**'ve** all **been sat** out here. So, [^6]_____ the hospital and **you guys** can all go back to [^7]_____ now and we can, you know, [^8]_____ after him." (Prince William, at first public **appearance** of Prince （be）born to be: 〜になるように生まれついている、生まれながらの〜である

heir: 継承者、後継者

the throne: 王位

drill A into B: A を B に徹底的に教え込む、たたき込む

have got to do: ＝ have to do　〜しなければならない

biographer: 伝記作家

Her Royal Highness: 妃殿下

the Duchess of Cambridge: ケンブリッジ公爵夫人　▶キャサリン妃の称号。

be delivered of: 〜を分娩する、出産する

local time: 現地時間

tardiness: 遅れること　▶予定日とされていた 7 月 13 日よりだいぶ遅れて生まれたことから。

have been sat: ▶ have been sitting の非標準的な言い方。

you guys: 皆さん、あなたたち　▶病院前に待機していた報道陣を指す。

appearance: 姿を現すこと、登場

George)

(29) Well, that was quite an **entrance**, though the baby boy at the center of it seemed **gloriously** [9]............................... of all the **fuss**. The little prince's mum and dad certainly weren't, and they must surely have had that sense of **stepping into** the [10]..................... . For most new parents, the first place we look for [11]........................... is our family— how our parents did, our grandparents and, if we're very lucky, our great-grandparents. 10

(30) **Following in his father's footsteps,** Prince Charles arrived here at **Gordonstoun** at the age of 13. He was to [12]................................ most of his teenage years here.

It's not a place which **aims to** [13]........................ its students. If that's true now, it seems to have been **particularly** so back in 15 Charles's day.

Perhaps **surprisingly** for a British **private school**, the Gordonstoun **philosophy** was quite [14]................ . Its aim was an **egalitarian society** 20 **marked** by **self-reliance** and [15]................................. .

entrance: 入場、登場

gloriously: 素晴らしく、華々しく

fuss: 大騒ぎ

step into: 〜に踏み出す

follow in someone's footsteps: 〜と同じ道を歩む

Gordonstoun: ▶スコットランドにある名門寄宿学校。チャールズ皇太子の父であるフィリップ殿下もここで学んだ。

aim to do: 〜することを目指す

particularly: 特に、とりわけ

surprisingly: 驚くべきことに

private school: 私立学校

philosophy: 理念

egalitarian society: 平等主義の社会

mark: 〜を特徴づける

self-reliance: 自立、独立独歩

31 These simple **huts**, which **make up** the **lodge** where Charles lived, **reflect** that philosophy. **Much** has been

made of the fact that the **morning routine** involved a **bracing** 5 cold shower. "It was a...very ¹⁶⁾_____ for a boy who had had probably quite a **cosseted** life in comfortable palaces. And he really ¹⁷⁾_____ it, and he was homesick and he was ¹⁸⁾_____, and it...it was a very difficult experience for him." (Penny Junor) 10

32 You don't get many schools closer to a **royal** home than this, **Eton College**. This is where William spent five years. Just over the river and up a bit is Windsor Castle, the official **residence** of **Her Majesty** the Queen, who **no doubt** ¹⁹⁾_____ of the choice. 15

"She was ²⁰⁾_____ that they went to the schools they

went to. The...the fact that they went, you know, across the bridge from Windsor, to Eton, so she could see William for tea every week, was 20 ²¹⁾_____." (Penny Junor)

33 ²²⁾_____ in at school can be a **challenge** for anyone.

hut: 小屋

make up: 〜を構成する

lodge: 宿舎

reflect: 〜を反映する、示す

make much of: 〜に大騒ぎする、〜を大げさに取りざたする

morning routine: 朝の日課

bracing: 心身を引きしめるような、しゃきっとさせるような

cosset: 〜を甘やかす、過保護に育てる

royal: ①王室の　②王族

Eton College: ▶ロンドン郊外にある全寮制の名門中・高等学校。ヘンリー王子も通った。

residence: 住居

Her Majesty: 陛下　▶女王への敬称。

no doubt: きっと

challenge: 難題

When Prince Charles was at Gordonstoun, one of his **contemporaries** asked **rhetorically**, "How can you [23] .... a boy just as an ordinary **chap** when his mother's [24] .... is on the coins you spend in the school shop and on the **stamps** you use to mail your letters home?" William's experience at Eton was far more [25] .... **Amidst** the **turmoil** of his parents' **disintegrating** marriage, school provided a [26] ....

(34) "Well, this is the [27] .... that the Duchess of Cambridge **attended** as a young girl from a local **village**." (CNN, from 2012 report) She [28] .... a visit to one of her old schools, **St. Andrew's** in Berkshire.

"Thank you, [29] .... It is such a **treat** to be back here at St. Andrew's. I [30] .... loved my time here. They were some of my happiest years, which makes it so **incredibly** [31] .... to be back here today. In fact, I enjoyed it so much that, when I had to [32] ...., I told my mother that I was going to come back as a teacher." (Catherine, the Duchess of Cambridge)

(35) "She had a very normal, **secure** and happy [33] ....

contemporary: 同年輩の人

rhetorically: ▶修辞疑問文（rhetorical question）を使って、という意味。

chap:《主に英》（親しみを込めて）男、やつ

stamp: 切手

amidst: 〜のただなかで

turmoil: 騒ぎ、騒動

disintegrate: 崩壊する

attend:（学校などに）通う

village: 村

St. Andrew: バークシャー州にあるキャサリン妃が通った学校。

treat: 楽しみ、喜び

incredibly: 信じられないほど

secure: 安全な、安定した

And I think that is exactly what she will try and ^34)_____ for her...for her child. **I have no doubt** she will have to have **nannies**— or a nanny or some kind of help—because she will have to do **royal duties**. You know, that, unhappily, **comes with**...with the job." (Penny Junor)

(36) "This is the time of year when we remember that God ^35)_____ **his only son** to **serve**, not to be served." (Queen Elizabeth, in 2012 Christmas message)

"I'm quite sure she **believes in** God, but I think she also believes in the ^36)_____ of **the Church of England** and its **role** in this country." (Ann Easter)

Ann Easter is one of those who **administer to** the royals' ^37)_____ life. She's a **chaplain** to the queen, one of 36 members of what's called **the Ecclesiastical Household**.

(37) "What ^38)_____ of great-grandmother do you think she's going to be?" (CNN)

"I think she'll want to be quite ^39)_____. It's absolutely sure that this baby will be **brought up** in a ^40)_____ have no doubt（that）: 〜なのは疑いない

nanny: 乳母

royal duties: 王室の公務

come with: 〜に伴う

his only son: ▶イエス・キリストのこと。

serve: 〜に仕える

believe in: 〜の存在を信じる

the Church of England: 英国国教会

role: 役割、役目

administer to: 〜を司る

chaplain:（宮廷などの）施設付きの聖職者

the Ecclesiastical Household: 王室付き聖職者組織

bring up: 〜を育てる

English, Christian way. The baby will **be used to going** to 41) .... The baby will be used to God talk. That's what they've done **all along**, really. They've kept

Revd. Canon Ann Easter
Chaplain to the Queen

5

the traditional values while very **cleverly** and beautifully changing and 42) .... to the needs of the time." (Ann Easter)

(38) The problem for the young royals might be seen as a 43) .... **issue**: how to **prevent** accessibility and necessary

BREAKING NEWS
FIRST GLIMPSE OF ROYAL BABY
Duke and Duchess leave hospital with son

public 44) .... **from tipping** 10 **over into** the **excesses** of **celebrity**.

"**Obviously**, what will make it 45) ...., perhaps, is if William and Kate have at least another child, perhaps even three or four more children. But **in the end**, this is the future king, 15 and everyone wants pictures of him." (Kate Williams, Royal Commentator)

(39) **For as long as** Britain 46) .... a **monarchy**, those **in line to take the throne** will 47) .... their own quite **unique spot** in **the public eye, at home** and, it seems, around the 20 world. But maybe we need to 48) .... for a moment and think about our own role in all of this.

be used to doing: 〜することに慣れている

all along: 最初からずっと

cleverly: 巧妙に、如才なく

issue: 問題

prevent...from doing: …が〜するのを妨げる

accessibility: 近づきやすさ

tip over into: 〜に転じる

excess: 過剰、極端なこと

celebrity: 名声、有名であること

obviously: 明らかに、当然

in the end: 結局は

for as long as: 〜する限りずっと

monarchy: 君主制

（be）in line to do: 〜する候補である

take the throne: 王位に就く

unique: 類のない

spot: 場所、地位

the public eye: 世間の目、世間の関心

at home: 国内で

"The ⁴⁹⁾ _____ of every child is a public event, because like they say, it takes two people to make a baby but the whole village to bring up the child. And every baby is our ⁵⁰⁾ _____." (Ann Easter)

5

Aired on July 25, 2013

EXERCISES

【T/F】

[   ] **1.** Most new parents are likely to take advice from their family.

[   ] **2.** It is natural that philosophy should be taught their students in British private schools.

[   ] **3.** It is not comfortable for Charles to spend his youth in Eton College.

【Comprehension Quiz】

1. Where did the Duchess of Cambridge attend?

(A) Eaton College near Winsor.

(B) Gordonstoun in Scotland.

(C) St. Andrew's in Berkshire.

(D) The Church of England in Kent.

2. Why did the school become a place of comfort for Prince William?

(A) Because he could escape from the troublesome of his parents' divorce turmoil.

(B) Because he could see the queen for tea every weekends.

(C) Because he could enjoy visiting Winsor Castle every weekends.

(D) Because he could have a good time with his parents in Winsor Castle

3. **Who was Ann Easter?**

   (A) She was a chaplain to the queen dealing with the royal's spiritual life.
   (B) She was one of administers in the values of the Church of England.
   (C) She was one of 36 nannies in the Palace of Buckingham.
   (D) She was one of teachers in St Andrew's in Berkshire.

【Discussion】

ウィリアム皇太子とキャサリン妃の子育てについて、気をつけていることを話し合ってみましょう。

Chapter 6 **The Duchess of Cambridge's First Public Speech**

2012 年にキャサリン妃は、結婚後初めて、医療施設の開所式の公務で 1 人でスピーチを行った。スピーチの内容にも妃の存在感が出ており、これまでの女王のスピーチと比べてどのような違いがあるか、言葉の選択、話し方の工夫などにも気をつけて聞いてもらいたい。

Chapter 6 *The Duchess of Cambridge's First Public Speech*

‖Preliminary Survey‖

1. ホスピスとはどのような施設なのか、調べてみましょう。
2. キャサリン妃の生い立ちについて、調べてみましょう。

‖Listening‖

スピーチの音声を聞いて空欄を埋めましょう。

(41)   **First of all**, I'd like to say thank you. Thank you for not only **accepting** me **as** your ¹⁾_____ but thank you also for **inviting** me here today.

  You have all ²⁾_____ me feel so welcome, and I **feel** 5
³⁾_____ **honoured to be** here to see this wonderful **centre**. **I am** only **sorry that** William can't be here today; he would love it here.

(42)   A **view** of his that I **share** is that, **through** ⁴⁾_____, so much can be **achieved**. What you have all **achieved** here is 10
⁵⁾_____.

  You as a ⁶⁾_____ have built the **Treehouse**—a group of people who have made every ⁷⁾_____ to support and help each other.

  When I first visited the **hospice** in Milton, I had a preconceived 15 the Duchess of Cambridge: ケンブリッジ公爵夫人　▶キャサリン妃の称号。

first of all: まず最初に

accept A as B: A を B として受け入れる、認める

invite: 〜を招く、招待する

feel honoured to do: 〜することを光栄に思う　▶アメリカ英語のつづりでは honored。

centre: ▶アメリカ英語のつづりでは center。

I am sorry that: 〜ということを残念に思う、申し訳なく思う

view: 見方、考え方

share: 〜を共有する

through: 〜を通じて、〜によって

achieve: 〜を成し遂げる

Treehouse: ツリーハウス　▶このホスピスの名称。

hospice: ホスピス

8) .... **as to** what to expect. **Far from being** a **clinical, depressing** place for sick children, it was a home. Most importantly, it was a family home, a happy place of 9) ...., support and care. It was a place of fun.

Today, I have seen again that the Treehouse **is all about** family and fun. For many, this is a **home from home**, a **lifeline enabling** families **to live** as **normally** as possible during a very 10) .... period of time.

(43) What you do is **inspirational**. It is a 11) .... of...**example** of the support and the care that is 12) .... not just here but in the children's-hospice **movement at large, up and down the country**.

The feelings you 13) ...., feelings of love and of hope, **offer** a 14) .... **to** families to live a life they never thought could be **possible**.

So thank you again for inviting me here today. I feel **enormously** 15) .... to be part of **East Anglia's Children's Hospices** and to see the 16) .... **life-changing** work that you do. Thank you.

Aired on March 19, 2012

as to: 〜に関して

far from being: 決して〜ない、〜どころではない

clinical: 〈部屋・建物などが〉簡素な、殺風景な

depressing: 憂うつにさせるような、気がめいるような

be all about: 〜が主な目的である、一番大切である

home from home: 第二のわが家、わが家のようにくつろげる場所

lifeline: ライフライン、頼みの綱

enable...to do: …が〜することを可能にする

normally: 普通に、通常どおりに

inspirational: 人々を鼓舞する

example: 実例、見本

movement: （政治・社会的）運動

at large: 全体的に

up and down the country: 国中で　▶南北に伸びる国に対して使われる。

offer A to B: A を B に与える

possible: 可能な、ありうる

enormously: 大いに、とても

East Anglia's Children's Hospices: イーストアングリア子どもホスピス　▶キャサリン妃が後援する慈善団体。

life-changing: 人生を変えるような

【T/F】

[　] **1.** William and Kate visited Treehouse, Hospice for children in Milton.

[　] **2.** Treehouse, hospice for children was a clinical and depressing place for their family.

[　] **3.** The Duchess of Cambridge was impressed by the support and the care in the children's-hospice movement.

【Comprehension Quiz】

1. **What is the main point of the Duchess of Cambridge's first public speech?**

   (A) To thank you for inviting her to children's-hospice.
   (B) To thank you for accepting her effort and care.
   (C) To make a speech for sick children.
   (D) To give money to children's hospice.

2. **What was the most important thing for children's-hospice?**

   (A) It was a clinical place for the family.
   (B) It was a lifeline enabling families to live as normally as possible with their children.
   (C) It was a happy place for the royal.
   (D) It was a hospital for all the sick people.

3. **What made the Duchess of Cambridge feel proud?**

   (A) To be a patron of West Anglia's Children's Hospices.
   (B) To be a support and care for community.
   (C) To see the wonderful life-changing work for Children's
        Hospices.
   (D) To see the teamwork for clinical care.

【Discussion】

ケンブリッジ公爵夫人とエリザベス女王のスピーチを比べて、異なる点
を話し合ってみましょう。

エリザベス女王と英国王室

検印
省略

©2023 年 1 月 31 日　第 1 版発行

著　者	奥　聡一郎
発行者	小川　洋一郎
発行所	株式会社 朝日出版社

101-0065　東京都千代田区西神田 3-3-5
電話（03）3239-0271
FAX（03）3239-0479
e-mail: text-e@asahipress.com
振替口座　00140-2-46008
組版・Office haru ／製版・錦明印刷

乱丁、落丁本はお取り替えいたします
ISBN 978-4-255-15709-2 C1082